LES CRIMES POLITIQUES

DE NAPOLÉON III

LES CRIMES POLITIQUES

DE

NAPOLÉON III

PAR

UN ANCIEN AGENT SECRET

De la Cour des Tuileries

Le Coup d'État du 2 décembre 1851. — La mort de Kelch. — Les Saturnales de l'empire. — La politique extérieure et la guerre de Crimée. — La guerre d'Italie. — Les usurpations piémontaises. — La guerre de Chine. — La guerre du Mexique. — La guerre d'Allemagne. — L'invasion des États du Pape.

PRIX : 1 franc

PARIS
LIBRAIRIE CENTRALE
21, RUE DE SEINE-SAINT-GERMAIN

—

1873

Tous droits de traduction et de reproduction réservés.

LES CRIMES POLITIQUES DE NAPOLÉON III

I

MES MÉMOIRES.

En quittant précipitamment la Belgique, en 1866, j'y laissai à Bruxelles, entre les mains d'un libraire qui me promettait de le lire et de s'entendre avec moi pour l'impression, le manuscrit de Mémoires que je croyais de nature à intéresser vivement le public.

Après avoir passé plusieurs années en Italie et en Turquie, où je fus en butte à des persécutions que je raconterai probablement quelque jour, lorsque le moment sera venu, j'eus la bonne fortune, en passant par la Suisse, de trouver chez un libraire deux petits volumes intitulés *Mémoires de Griscelli*, portant sur le titre l'indication de Bruxelles, Londres, Genève, et le millésime 1867, mais absolument dépourvus de tout nom d'éditeur et d'imprimeur.

Ces deux volumes, remplis de fautes et essentiellement incomplets, reproduisaient cependant assez bien l'esprit général de mon manuscrit. J'espérais en trouver l'éditeur à Bruxelles, dans la personne du libraire à qui j'avais remis ce document. Vain espoir, le libraire et sa maison de commerce avaient entièrement disparu sans laisser de traces.

Après les tourmentes de la guerre étrangère et de la guerre civile, qui me fournirent l'occasion de rendre quelques services à mon pays dans diverses missions dont je parlerai plus tard, je profitai du premier loisir que me laissèrent mes affaires pour venir à Paris, m'occuper de l'impression de mes Mémoires. Quelle ne fut pas ma surprise d'y trouver une autre édition de ce livre absolument falsifiée, contrefaçon audacieuse imprimée à Bruxelles, en 1870, par un libraire belge, qui avait poussé le sans gêne jusqu'à apposer une fausse griffe imitant ma signature sur tous les exemplaires, pour leur donner un cachet d'authenticité.

Après avoir pris mes mesures pour faire poursuivre judiciairement le contrefacteur et pour préparer une édition, cette fois bien authentique, de mes Mémoires, laquelle sera suivie, à peu de distance, de la publication, comme pièces à l'appui, de trente-une lettres autographes dont les originaux sont déposés à l'étranger, en des mains sûres, j'ai pensé qu'il pouvait être opportun de ne pas attendre l'achèvement du travail littéraire et du travail manuel nécessaires à la mise en ordre et à l'impression d'un volume assez étendu, pour répondre aux apothéoses et aux dithyrambes inspirés par la mort de Napoléon III, au parti bonapartiste et aux journaux des nations étrangères et hostiles à la France, que la politique de l'homme de Strasbourg et de Sedan a si bien servies, par un résumé rapide des crimes politiques dont j'ai été témoin, et trop souvent, hélas! un des acteurs inconscients, et dont Louis Bonaparte fut l'initiateur, le complice ou la dupe, depuis son élévation à la Présidence de la République française de 1848 jusqu'à l'odieuse spoliation des princes italiens et du Souverain Pontife lui-même par le dernier descendant de la Maison de Savoie (*il re galantuomo*), le Bertrand qui a si bien su, grâce à l'habileté de Cavour, faire de l'empereur des Français et de la France elle-même son complaisant et naïf Raton.

Hélas! pourquoi faut-il que Napoléon III n'ait pas été seul à se brûler les pattes au feu pour en tirer les marrons que croque si gaillardement Victor-Emmanuel, et que, nouveau Sardanapale, il ait accumulé tant de ruines autour de l'écroulement de son trône!

II

LE CONSPIRATEUR PERPÉTUEL

Louis Bonaparte, par caractère, par goût, par tempérament, a toujours été conspirateur. Il n'a cessé, depuis ses plus jeunes années jusqu'à sa mort, de rêver à des combinaisons machiavéliques destinées à tromper tantôt ses ennemis et tantôt ses amis, et même ses complices. Sa vie n'a été qu'une longue suite de conspirations, commencée dans les États romains, en 1831, et non achevée sur le lit de mort du 15 janvier 1873 ; car, même en ce moment, il lègue aux gens de son parti, à sa veuve et à son fils, l'exécution des plans de conspirations tracés par lui dans l'exil.

Combien ils auraient dû se défier de l'alliance du conspirateur de 1831, les amis de la puissance pontificale, qui ont eu l'imprudence de lui confier la garde des intérêts du Saint-Siége ! Il avait débuté, dans sa vie de conspirateur, en attaquant le trône de saint Pierre, et devait finir en en déterminant la ruine !

Conspirateur, en 1831, dans les États romains, où son frère fut tué auprès de lui, il s'essayait encore à conspirer en 1832, à Paris, quand, logé à l'hôtel du Rhin avec sa mère, autorisée par Louis-Philippe à passer quelques jours en France, malgré la loi qui bannissait la famille Bonaparte, il groupait sur la place Vendôme des attroupements qui avaient pour mot d'ordre le cri de vive l'Empereur !

Je me borne à signaler les conspirations de Strasbourg et de Boulogne, crimes politiques au premier chef, puisqu'elles provoquaient à la trahison une partie de l'armée et tendaient à armer les citoyens français les uns contre les autres. Elles sont trop connues pour qu'il soit besoin d'y insister.

Conspirait-il en 1848, lorsqu'après plusieurs années passées à Londres, à hanter les tripots, vivant aux dépens de mistriss Howard, il s'empressait d'offrir ses *services* au Gouvernement provisoire dès le lendemain de la chute du souverain dont il avait par deux fois attaqué le pouvoir à main armée et qui lui avait fait grâce ?

Conspirait-il encore après que, mis en fuite par un mot énergique de Lamartine, il inondait de ses agents, de ses circulaires, de ses bulletins, les cinq départements dont il sollicitait les votes, pour obtenir un siége à la Constituante ?

Était-ce à son insu que des émissaires, pendant les terribles journées de juin 1848, parcouraient les départements avec des proclamations bonapartistes ; que les préfets et les généraux acquis à sa cause mettaient obstacle à la marche des gardes nationales de province, ainsi qu'il résulte du tome III du Rapport de la commission d'enquête (tome si habilement et si soigneusement soustrait de la plupart des archives et collections pendant l'Empire) ; que ses partisans, à Paris même, faisaient de son nom le cri de ralliement de plusieurs groupes insurrectionnels ? Quels liens l'unissaient alors à M. Émile Thomas, le directeur des ateliers nationaux, si mystérieusement enlevé le 24 juin ? Est-ce la seule reconnaissance qui l'a poussé, plus tard, à faire de ce personnage inexpliqué par l'histoire le gérant de la plus importante de ses propriétés personnelles ?

Puisse l'histoire jeter quelques lumières sur ces questions !

Ce qui est hors de doute, par exemple, c'est que l'Élysée ne cessa point, depuis le 20 décembre 1848 jusqu'au 2 décembre 1851, d'être un foyer permanent de conspirations. On y conspirait contre la République, dont Louis Bonaparte était le Président, et lui-même était le chef de cette conspiration qui devait aboutir au coup d'État.

Crimes politiques s'il en fut que cette conspiration ou plutôt cet amalgame presque inextricable de conspirations ! Car, si d'un côté l'on conspirait de concert avec les légitimistes et les orléanistes contre la République et les républicains, d'autre part l'on conspirait avec les légitimistes contre les orléanistes, avec les orléanistes contre les légitimistes, et même on attirait çà et là quelques républicains mécontents dans les piéges de petits complots ourdis sous prétexte de déjouer les manœuvres des royalistes de toute couleur.

En dehors de l'Élysée, des agents circulaient dans les groupes populaires, dans les réunions socialistes et prophétisaient l'avénement du socialisme, pour la fatale échéance de 1852, tout en anathématisant l'Assemblée législative tout entière, aussi bien les républicains et les montagnards, qu'ils dénonçaient comme trop tièdes, que les royalistes et les bonapartistes. Les idées les plus subversives étaient émises dans ces conciliabules et presque aussitôt dénoncées à l'opinion publique dans les journaux réactionnaires pour accroître les terreurs de la bourgeoisie.

C'est ainsi que, peu à peu, au moyen de toutes ces conspirations partielles et pour ainsi dire contradictoires, on avait amené presque toutes les classes de la population à l'état des grenouilles qui demandent un roi.

En ce qui concerne l'élément militaire, tout était prêt. Dès longtemps on avait su persuader à l'armée qu'elle avait à prendre une revanche sur la population parisienne de la défaite de février et des pertes subies pendant les journées de juin 1848.

Tel était l'état des choses à la fin de novembre.

III

LE COUP D'ÉTAT

En écrivant ces quelques lignes, je n'ai pas la prétention de m'étendre sur cette page malheureuse de Napoléon, en phrases métaphysiques, ni de répéter ce que des talents payés ont divulgués au public. Ma seule prétention est de dire ce que j'ai vu, ce à quoi j'ai pris part depuis la veille du coup d'État jusqu'au rétablissement de l'ordre dans Paris.

Pour masquer le coup d'État, la soirée du premier Décembre fut remplie par un concert que le chef de la République donna à l'hôtel de la Présidence, et auquel il avait invité tout ce que la France renfermait de grand dans les assemblées et dans les sciences et dans les arts. L'illustre Félicien David faisait exécuter son Désert. Les appartements étaient combles, le succès fut immense !

Au moment où Louis-Napoléon se préparait à sortir de sa chambre pour assister à la réunion, un jeune député légitimiste (M. de Kerdrel) entra et lui annonça qu'une révolution se préparait par les républicains et les orléanistes pour s'emparer du président de la République et le renfermer à Vincennes. Ce dernier répondit :

— « Merci de votre avis ; restez au concert ; demain nous parlerons de cela... »

Un autre député, Casabianca, qui, par inadvertance, entra pendant le concert dans le cabinet du chef de l'État et y prit connaissance des proclamations qu'il ne voulut pas signer, fut arrêté par de Maupas et enfermé dans une chambre jusqu'au lendemain. De Morny, un des héros du drame qui devait se jouer dans la nuit, était allé se montrer ostensiblement à l'Opéra-Comique. Quelqu'un lui ayant dit :

— Est-ce vrai qu'on va balayer la chambre ?

— Oui, répondit spirituellement le futur président du Corps législatif. Mais moi, j'ai retenu ma place du côté du manche...

A minuit, le concert fini, tout, autour de l'Élysée, rentra dans l'ombre. Une seule lampe dans le cabinet du Président de la République éclairait une petite table, autour de laquelle étaient réunis les quatre acteurs de la pièce qui devait se jouer les jours suivants : Louis-Napoléon, de Morny, Saint-Arnaud et de Maupas. Le général Magnan y fut appelé. Mais au premier mot de coup d'État, voulant faire oublier sa trahison dans l'échauffourée de Strasbourg, il se leva et dit :

— Messieurs, j'adhère à tout. Je signe tout. Mais M. le ministre de la guerre y étant, je n'ai besoin de savoir qu'une chose : recevoir les ordres cinq minutes avant l'action.....

Pendant que Magnan sortait, le Président de la République m'appela et m'enjoignit de suivre le général et de pas le quitter sans nouvel ordre.

Dès que les décrets furent signés, le colonel de Béville partit immédiatement pour l'imprimerie nationale, où une compagnie des gardes de Paris s'était déjà rendue pour garder à vue les ouvriers pendant qu'ils imprimaient les proclamations qui changeaient la forme du gouvernement.

Le prince Louis-Napoléon, président de la République, qu'il avait juré de respecter, ouvrit une armoire et en retira quatre paquets. Il donna le premier à de Morny; ce paquet contenait 500,000 francs, plus sa nomination au poste de ministre de l'intérieur. Le nouveau fonctionnaire reçut le tout et alla prendre possession de son poste, où il manda pour se garder une compagnie de chasseurs de Vincennes.

Le deuxième paquet fut donné à de Maupas; il contenait la liste de tous les représentants, généraux, hommes de lettres et chefs de partis, qu'on devait arrêter, plus 500,000 francs.

Le troisième paquet, le plus volumineux, fut remis à Saint-Arnaud; aux 500,000 francs pour lui se trouvait joint un état des sommes ci-après :

Généraux de division.	20,000 fr.
Généraux de brigade	10,000
Colonels de régiment.	6,000
Colonels d'état-major.	4,000
Chefs de bataillon.	2,000
Capitaines de compagnie.	1,000

Lieutenants et sous-lieutenants.	400 fr.
Adjudants sous-officiers.	150
Sous-officiers et sergents.	50
Caporaux et brigadiers.	10
Soldats, tambours et trompettes.	5

Toutes ces sommes provenaient des 50 millions que le chef de l'Etat avait obligé la Banque de France à lui avancer. Les régents de cet établissement y consentirent à la condition qu'ils auraient le droit d'augmenter leur capital de 60 millions de francs ; ce droit leur fut accordé.

Le quatrième paquet, le plus petit, fut ouvert ; il ne contenait que 100,000 francs, qui furent distribués aux aides-de-camp, aux employés et aux serviteurs. Je confesse avoir touché pour ma part, des mains de Persigny, 2,500 francs.

Paris, qui s'était couché République, se réveilla Empire !.... Mais Empire qui avait violé : Serment, Constitution, Suffrage universel, Lois, etc.; qui avait arrêté, emprisonné, déporté ou exilé la moitié de la France ; l'autre moitié était baillonnée et en état de siége.

Pendant que les Français s'égorgeaient les uns les autres, le chef de l'Etat, que les Français eux-mêmes s'étaient choisi, se prélassait, assis devant la même table, où la veille il avait distribué les rôles du drame sanglant qui se jouait devant les barricades des rues Saint-Antoine, Saint-Martin, Greneta, etc.

Quand les aides-de-camp de Magnan venaient lui dire que les Français protestaient contre le coup d'Etat en résistant héroïquement derrière les faibles remparts qu'ils s'étaient construits, l'élu du peuple répondait.

— Qu'on exécute mes ordres !

En même temps, il est vrai, il ordonnait aux domestiques qui devaient l'accompagner, de seller les chevaux, d'apprêter les voitures, et disait au général Roguet, gardien des 25 millions restant sur les 50 millions escamotés à la Banque, de les mettre dans les voitures et de se tenir prêts à passer la frontière.

Les Français, à cinquante ans de distance, ont vu et subi deux Napoléons : le premier, le deux décembre 1802, brisait la coalition à Austerlitz, et disait à ses soldats :

— Je suis content de vous !

L'autre, le deux décembre 1851, brisait les presses, tuait la liberté, égorgeait femmes et enfants dans Paris, et disait à ses généraux :

— Brûlez la capitale !

Un poëte a dit :

> « Des deux Napoléons les gloires sont égales
> « Fort bien, chacun le sait, ce ne sont faits nouveaux,
> « D'Europe le premier prenait les capitales,
> « Le troisième aux Français prenait leurs capitaux !

Si ces quatre vers ne renferment pas *tout* il est impossible de mieux définir les actes des deux Napoléons.

Jamais conspiration, même italienne, n'avait mieux réussi ; jamais le mensonge n'avait plus amplement prospéré. Le héros de décembre, comparé depuis à l'antechrist, par ceux qui l'appelaient alors

César, Auguste, Alexandre, semblait avoir, comme le démon de la dernière heure, le don de séduire même les élus.

Ce qui frappe surtout d'étonnement dans la catastrophe du 2 décembre, c'est moins la scélératesse de ses criminels auteurs que la prodigieuse naïveté d'un grand nombre de Français qui ont bien voulu se croire sauvés par ce forfait monstrueux.

Les républicains des faubourgs, se croyant sauvés par Bonaparte, sur la foi de tribuns expédiés de tous côtés par l'Élysée et la Préfecture, de la tyrannie des nobles, des prêtres et des bourgeois, applaudissaient au passage des voitures cellulaires emportant à Mazas tout ce que la France comptait de plus illustre et de plus énergique.

Le faubourg Saint-Germain, sauvé de la peur que lui inspirait le faubourg Saint-Antoine, raillait ses propres représentants, victimes d'un guet-apens, comme s'il s'était agi d'une simple plaisanterie.

IV

LA MORT DE KELCH

Avant d'envisager la politique générale de Napoléon, je vais donner une idée du système impitoyable de police personnelle qui fut adopté par le triomphateur du coup d'Etat, en racontant en détail l'affaire Kelch dont je fus malheureusement le principal acteur. C'est par cette tragique aventure que je débutai dans la carrière d'agent secret.

M. Walewski, ambassadeur à Londres, ayant adressé un jour une dépêche télégraphique chiffrée à Napoléon pour lui annoncer qu'un certain Kelch, évadé de Lambessa et émissaire de Mazzini, venait à Paris dans le but d'assassiner l'empereur, S. M. I. fit appeler immédiatement le préfet de police, lui donna connaissance de la dépêche et lui demanda un agent intelligent, dévoué et énergique. Bien que je fusse tout nouveau dans le métier, M. Piétri me désigna au chef de l'Etat qui lui répondit :

— Amenez-le moi ce soir à l'Opéra ! je vous ferai appeler dans un entr'acte.

En sortant des Tuileries, M. le préfet me fit appeler et me communiqua les ordres de l'empereur ; je poussai un cri de joie ; puis un éblouissement, pareil à ceux que j'ai éprouvés chaque fois que je suis allé sur le terrain, et qu'il y a eu du sang... vint me troubler la vue.

M. Piétri me dit :

— Qu'as-tu ?

— Rien... à présent... Mais dans cette affaire, il y aura du sang...

Le soir, à la fin du premier acte, nous fûmes introduits, M. Piétri et moi, dans la loge impériale. En passant derrière l'impératrice, qui occupait le devant de la loge avec Mme de Bassano, S. M. demanda :

— Qui est ce monsieur qui entre avec le préfet ?

— C'est un Corse, répondit le maréchal Vaillant, qui était sur le derrière avec le général Espinasse.

— Alors il doit avoir un stylet ! — et un éclat de rire succéda à ce mot de *stylet corse*.

S. M. I., le préfet et moi, nous nous retirâmes, par le fond de la loge, sur la terrasse qui fait l'angle de la rue Rossini et de la rue Le Peletier, là Napoléon s'assit en nous ordonnant d'en faire autant ; il me parla en ces termes :

— Griscelli, je suis enchanté que vous soyez Corse. Tous les hommes de cette île ont été, de tout temps, dévoués à ma famille... M. Piétri, qui vous porte beaucoup d'intérêt, m'a dit que vous joigniez au dévouement l'intelligence et l'énergie. Vous aurez besoin de tout cela dans le service que nous allons vous confier, car il s'agit d'un certain Kelch, qui arrive de Londres avec des intentions criminelles, et pour lequel il faut une surveillance extraordinaire de tous les instants, afin de savoir si ce qu'on me signale est vrai. Maintenant il faut le trouver et ne pas le perdre de vue. Dès que vous l'aurez trouvé, il faudra me le montrer et attendre mes ordres...

J'avais écouté sans mot dire. C'était la première fois que le berger corse, qui n'avait jamais été en contemplation que devant ses maquis, se trouvait en présence d'une tête couronnée. Dès que je vis que S. M. I. avait fini, je répondis :

— Sire, il me sera très-facile de le trouver ; si M. le préfet veut me confier le dossier de cet homme, je saurai où il demeure, son signalement, son âge et les personnes qu'il fréquentait.

— Très-bien, dit M. Piétri, je n'avais pas pensé à cela.

— Vous le montrer, sire, je ne puis le promettre.

— Et pourquoi? dit l'empereur.

— Parce que si Kelch s'approche de S. M. avant que j'aie eu le temps de le lui montrer, je le poignarde.

Le préfet de police se mit à rire et Napoléon dit :

— Diable, comme vous y allez !

Puis se tournant vers Piétri, il lui ordonna de me donner 1,000 fr. et de mettre à ma disposition, pour ce service, tout ce dont j'aurais besoin.

— Je préviendrai également Fleury, ajouta-t-il, pour qu'il mette à votre disposition les chevaux et les voitures qui vous sont nécessaires. Demain, je sortirai du château à deux heures pour aller au bois de Boulogne. Je serai à cheval.

Ainsi se termina ma première entrevue avec Napoléon III, que je devais voir de si près tant de fois. Je pensai à mon vieil oncle, s'il avait pu me voir, de sa cabane, parlant à Napoléon, à l'Opéra, au milieu de tout ce que la France a de plus illustre dans les sciences et dans les arts !

A la sortie du théâtre, nous accompagnâmes LL. MM. II. aux Tuileries, puis nous allâmes à la préfecture de police y prendre 1,000 fr. et voir le dossier de Kelch, que Balestrino, chef de la police municipale, nous donna. M. Piétri lui fit croire que S. M. I. voulait le grâcier.

— Le grâcier ! répondit Balestrino ; mais c'est l'homme le plus dangereux que je connaisse. Le jour qu'on l'a arrêté sur la barricade de la porte Saint-Martin, quatorze agents ont eu toutes les peines du monde pour le conduire au poste. Il a fallu l'attacher. C'est un hercule redoutable...

En parcourant son dossier, je vis : 5 pieds 7 pouces; stature herculéenne, homme dangereux, demeurant chez son frère, rue du Transit, à Vaugirard. Il va très-souvent chez Desmaret, même rue, restaurant, où il fait la cour à la fille de l'aubergiste. Muni de ces renseignements et de mes 1,000 fr., je rentrai chez moi pour me coucher tout habillé sur mon lit. Il était trois heures et je voulais aller de bonne heure rue du Transit, espérant y voir Kelch, ou y trouver quelques renseignements.

A six heures, bien que nous fussions au mois de décembre, j'étais placé en face de la maison de son frère. Une heure après, une jeune fille descendit, appela un commissionnaire, lui donna une lettre en lui recommandant de ne la remettre qu'à lui-même. Cette recommandation de la jeune fille me parut digne d'être notée. Je suivis donc le porteur de la missive, qui traversa Paris et ne s'arrêta qu'à Ménilmontant. Il sonna à une maison bourgeoise. Un homme, Kelch lui-même, descendit, prit la lettre et dit au porteur :

— Je vous remercie. Je vais y aller de suite. Je serai arrivé avant vous.

Sa vue, sa voix ne me firent aucune impression, mais si je n'eus pas d'éblouissement, je remarquai, en revanche, que nous étions un vendredi....... Comme il l'avait annoncé à l'homme qui lui avait porté la lettre, un instant après il descendit, prit la rue Ménilmontant jusqu'au boulevard du Temple, où il prit une voiture et se fit conduire chez son frère, en descendant les boulevards jusqu'à la Madeleine, la place de la Concorde, boulevard des Invalides, rue de Vaugirard, etc. Aussitôt que sa voiture arriva à la porte, toute la famille descendit précipitamment, lui sauta au cou et le fit entrer dans la maison, en renvoyant la voiture.

Deux heures environ après, il sortit accompagné de son frère et ils se rendirent rue du Transit, n° 13, chez Desmaret, restaurateur. Là, également on le fêta. La demoiselle surtout ne le quittait pas et prit le café avec les deux frères, pendant que, dans un cabinet attenant à la salle, je mangeais une cotelette, que je payai d'avance.

Dès qu'ils eurent pris le café, ils sortirent pour se rendre aux Champs-Élysées, chez Crémieux, loueur de chevaux. Là les deux frères se quittèrent, et je saisis au vol les paroles de Kelch :

— La police de Napoléon est trop bête pour me trouver. Elle me croit endormi à Londres. Il est inutile que je couche chez Girard, je viendrai coucher à la maison. Ne crains rien, à ce soir !

Pauvre Kelch, il ne savait pas que ses paroles seraient recueillies justement par un agent de la police de Napoléon, chargé de ne pas le perdre de vue, et qu'avant peu il aurait le désagrément de se trouver face à face avec lui. Quoique je ne veuille pas anticiper sur les événements j'annoncerai à mes lecteurs qu'en entrant chez Desmaret, j'eus un éblouissement si fort que je faillis me trouver mal. Était-ce un pressentiment du drame qui devait s'y jouer quelques jours après, ou bien qu'était-ce ?

En voyant sortir Kelch à cheval de chez Crémieux et se diriger vers les Tuileries, je courus rue de Montaigne (aux écuries impériales), fis sceller un cheval et me rendis place de la Concorde, où, à mon contentement, je retrouvai l'assassin chevauchant en cavalier accompli sur un cheval pur sang.

A deux heures précises, Sa Majesté impériale, le colonel Fleury et le capitaine Merle arrivaient sur la place, en venant par la rue de Rivoli. Kelch, qui se trouvait alors vers le Pont-Royal accourut au galop au-devant de Napoléon. J'étais déjà derrière lui, la tête de mon cheval touchait la croupe du sien, quand l'empereur passa près de nous. De la main gauche, je tenais les rênes de mon cheval, la main droite était sur le manche de mon poignard.

Kelch ne fit aucun mouvement : il n'était pas destiné à mourir aux Champs-Élysées.....

Aussitôt que S. M. I. fut passée, elle prit le galop de chasse jusqu'à l'Arc-de-Triomphe. Plus de trente cavaliers suivirent avec Kelch et moi jusqu'au lac ; là, Napoléon, voulant se débarrasser de la foule qui l'entourait, prit de nouveau le galop jusqu'à la Porte-Maillot. Puis nous descendîmes au pas jusqu'au pont de Neuilly et on rentra aux Tuileries par le parc de Monceaux et le faubourg Saint-Honoré. Kelch nous quitta rue de la Paix..... Je ne répéterai pas tous les incidents que cette surveillance occasionna, pendant quinze jours et quinze nuits ; ce serait allonger ce chapitre, déjà trop long. Mais je tiens à ce qu'on sache que Kelch fut constamment gardé à vue : j'ai mangé à la même table, pris bien souvent le café dans le même cabinet; à cheval, en voiture ou à pied, nous n'avons jamais cessé de nous voir, et jamais le séide, tant il était aveuglé de l'idée de son assassinat, ne s'est aperçu qu'il était surveillé. Toutes les lettres qu'il recevait de Londres et celles qu'il écrivait étaient décachetées, lues et envoyées ensuite à leur adresse.

S. M. I., qui m'avait appelé plusieurs fois, pendant ce temps, me fit mander le 14, au matin, dans son cabinet. Pendant que j'y étais, M. Piétri y arriva pour donner connaissance d'une lettre que Kelch écrivait à Mazzini pour lui annoncer que l'empereur serait assassiné dans deux jours. Malgré les prières du préfet de police, qui voulait faire arrêter Kelch immédiatement, Napoléon refusa, m'ordonnant seulement de changer de cheval pour la sortie à deux heures qui aurait lieu, comme à l'ordinaire, vers le bois de Boulogne.

A l'heure indiquée, pendant que Kelch, en casquette, bottes à l'écuyère, jaquette verte, sous laquelle il perçait quelque chose, faisait caracoler son cheval, S. M. I. et M. Fleury arrivaient sur la place de la Concorde. En les voyant, Kelch se porta au triple galop vers eux, qui, s'apercevant de ce mouvement, prirent l'avenue de l'Étoile à fond de train. J'eus le temps de dire aux jockeys de serrer de près S. M. I. et de ne laisser passer personne devant eux, En arrivant au bois de Boulogne, commença un steeple-chase furibond : murs, ruisseaux, allées, lacs furent tournés et franchis au triple galop. Les personnes qui nous voyaient passer disaient que le chef de l'État était fou ou ivre.....

Hélas ! il n'était ni l'un, ni l'autre....., mais il avait peur pour sa vie. Après trois heures d'une course effrénée, nous passions la Porte-Maillot pour rentrer aux Tuileries par l'avenue de l'Étoile ; nos chevaux étaient blancs d'écume. En remontant l'avenue, celui de Kelch refusa de marcher, malgré les éperons et la cravache de son cavalier. La vue de ce cheval qui refusait d'avancer m'inspira une idée irréfléchie et audacieuse. Je piquai des deux pour dépasser S. M. I. En passant à côté d'elle, je saluai en criant :

— Vive à jamais les Napoléon ! l'assassin est vaincu !

S. M. I. se retourna et, voyant que le séide payé était resté au bas de la côte, m'ordonna de la suivre au château. En rentrant dans son cabinet, Napoléon, baigné de sueur, ouvrit un tiroir et me donna 5,000 francs en me disant :

— Allez vous reposer, on aura besoin de vous, et envoyez-moi Piétri.

Une heure après, ce dernier venait m'éveiller, rue des Moulins, pour m'ordonner de venir à son cabinet à minuit.

Minuit sonnait quand je me présentai à la Préfecture, où je fus étonné de trouver quatre agents de sûreté que le chef de police voulait m'imposer pour arrêter Kelch. Après une vive discussion devant le préfet, je consentis à en prendre trois avec moi, et même je dis que, si l'on voulait Kelch mort, je n'aurais besoin de personne.

Hébert, Letourneur et moi nous sortimes du cabinet avec mandat d'arrêter l'assassin mort ou vif, A six heures précises, encore un vendredi, nous arrivions chez Desmaret, où notre homme venait tous les jours prendre l'absinthe; nous y commandâmes un dîner pour six personnes. A huit heures arrivait un certain Morelli, qui venait de Londres pour assister à la curée de l'Empereur. Il demanda à Desmaret où était Kelch. On lui répondit qu'il ariverait à neuf heures. A l'heure dite, Kelch arriva. Pendant qu'il prenait son verre, j'ordonnai à Letourneur d'arrêter Morelli; Hébert et moi nous empoignâmes Kelch, qui, quoique nous fussions deux, nous échappa à travers la salle à manger, le salon, les chambres, et, sautant par une fenêtre, tomba au dedans du mur d'enceinte, au fond duquel se trouvait une porte. Si cette porte eût été ouverte, l'assassin était sauvé; la surveillance de quinze jours était perdue. Mais nous étions un vendredi, la maison Desmaret portait le n° 13, j'avais eu deux éblouissements, il devait y avoir du sang, et il y en eut. Ne pouvant pas se sauver par la porte, et sentant que son crime était découvert, Kelch, en homme de cœur, voulut vendre chèrement sa vie. Il s'arrêta, arma un pistolet; je fis comme lui; nous étions à trente pas l'un de l'autre; les deux coups ne firent qu'une détonation. Il tomba baigné dans son sang, — une balle lui était entrée entre le nez, le front et l'œil droit, et lui était sortie derrière l'oreille gauche. La sienne m'avait sifflé à l'oreille. Son complice Morelli accourut au coup de pistolet. Pendant qu'il sautait pardessus le mur d'enceinte, je lui cassai l'épaule gauche avec mon autre pistolet.

A dix heures, les deux mandataires de la révolution étaient dans la cour de la préfecture. M. Piétri me sauta au cou et courut annoncer la nouvelle aux Tuileries et aux ministres, qui, à cause de la première tentative, attendaient tous avec impatience la nouvelle de cette importante arrestation.

S. M. I. me fit appeler le jour même, et me donna 10,000 francs. M. de Maupas me donna 1,000 francs, M. Piétri me donna, en outre de ce qu'il m'avait déjà donné, encore 1,500 francs, et S. M. l'Impératrice prit ma fille et la plaça à ses frais, jusqu'à dix-huit ans, au couvent d'Issy. Tous les ministres voulurent me voir et me féliciter.

Le lendemain de ce jour, S. Exc. M. de Persigny, ministre de l'intérieur, et le préfet de police m'appelaient dans le salon de Napoléon, aux Tuileries, et là, en présence de l'aide-de-camp de service, le général de Montebello, ils me dirent qu'à compter de ce jour j'étais chargé de la surveillance personnelle de l'Empereur, que je devais l'accompagner partout, en France et à l'étranger, excepté dans l'intérieur du château; que personne ne devait approcher de S. M. I. sans être appelé par l'Empereur. Lors des voyages dans les départements, toute la police et la gendarmerie devaient être sous mes ordres : MM. les préfets recevaient des instructions à cet effet.

V

SATURNALES IMPÉRIALES

Grâce à mon succès dans l'affaire Kelch, c'était donc à moi désormais qu'était confiée la délicate mission de veiller sur des jours si précieux

Dieu sait avec quel zèle, quel dévouement, mal récompensés, je m'acquittai de cette mission!

O lecteurs et lectrices! si les bois de Boulogne, de Saint-Cloud et de Villeneuve-l'Etang pouvaient parler!.... que de crimes, que de révélations terribles! et autrement intéressantes, pour certaines familles, que la publication des quelques chiffons de papier trouvés aux Tuileries après le 4 septembre 1870!!!

En sortant du palais des rois de France, où je venais d'être investi de la charge la plus périlleuse de l'Etat, mes oreilles distinguèrent ces quelques parcelles d'une conversation engagée entre des dignitaires de service :

— Il doit être content le Corse Griscelli, disait l'aide-de-camp de semaine, M. le comte de F...., le ministre et le préfet viennent de le charger de la surveillance personnelle de Leurs Majestés!

— Vous voulez dire, général, répondit le chambellan, le comte de C..., que le Corse est tout simplement nommé exécuteur des hautes œuvres du nouveau Richard français..

Hélas! tous ceux qui ont eu quelque connaissance ou quelque intuition des mystères de ce règne ont deviné que le Richard, qui s'imposa aux Français par la conspiration et par la force du sabre, avait sur la plupart des autres tyrans une double supériorité : la supériorité de la fourberie et la supériorité de l'audace. Il excellait à la fois dans la conspiration et dans la police. Prétendant, il n'a pas cessé d'être une conspiration vivante... Couronné il n'a pas cessé d'être simultanément une conspiration enveloppée de mystère et une police animée et armée.

Napoléon empereur, a, par ses fourberies, réalisé la forme la plus haïssable du césarisme, car il a joint à l'odieux de l'arbitraire autocratique l'odieux de l'hypocrisie et du mensonge impudent.

Et dire que cet homme a été proclamé omnipotent, nécessaire, infaillible! par les Billault, les Baroche, les Rouher, etc., en plein Corps législatif et en plein Sénat, et par les journaux à la solde des ministres impériaux! Et cela uniquement parce que le suffrage universel des préfets, des gendarmes et des gardes champêtres lui avait donné une majorité corrompue, falsifiée, dans un semblant de plébiscite organisé par le terrorisme et surveillé par les émissaires de la police-Bonaparte.

Dans ce crime, perpétré par les uns, applaudi ou accepté par les autres, étaient contenus en germe, aussi sûrement que la moisson dans la semence, tous les désastres, tous les crimes, toutes les dilapidations, toutes les hontes sur lesquels les Français pleurent aujourd'hui des larmes de sang.

Que fallait-il pour le présager? Apparemment le patriotisme, le désintéressement, la science politique ne suffisaient pas. Combien d'hommes d'Etat habiles s'y sont trompés!... Princes, noblesse, bourgeoisie, clergé, armée, que de supériorités de naissance, de fortune, de lumières et de vertus courbèrent le front sous la tyrannie à une ou à plusieurs têtes de Bonaparte et du bonapartisme!... La souveraineté du peuple, le plébiscite furent pour lui les instruments, les machines dont il se servit pour se hisser effrontément jusqu'au trône impérial !

C'est alors que commencèrent les grandes saturnales politiques de la dynastie de Napoléon, troisième du nom. Ainsi qu'il arrive toujours, l'oppression enfanta les vices. A mesure que l'une croissait en autorité et en abus, les autres se développaient avec le vertige de la folie.

Il va sans dire qu'on ne manquait pas de fallacieux prétextes pour colorer les actes les plus exécrables, et que ce fut au nom de la délivrance des peuples qu'on substitua à la justice le régime du sabre, de la prison et de l'exil.

Il fallut que tout se rapportât à un seul, au maître ! Louer une belle action, un acte de générosité, de munificence sans les attribuer à Louis-Napoléon, l'élu du peuple, c'était faire injure à l'empire et à l'empereur, commettre presque un crime de lèse-majesté !

Les mots changèrent de sens au gré du caprice du

souverain : rester fidèle à ses opinions, lutter, écrire, penser pour la défense de ses convictions politiques, c'était se montrer traître à la patrie, conspirer contre l'ordre, s'insurger contre les lois.

Réciproquement trahir la cause des familles royales de qui on avait reçu des bienfaits, la cause des libertés politiques, des franchises humaines pour lesquelles nos pères ont si vaillamment combattu, et passer dans le camp du nouveau despote, c'était faire acte de patriotisme, mériter l'argent, les honneurs que Napoléon prodiguait aux transfuges.

Qu'on se rappelle, pour ne pas citer d'autres exemples, ce qu'il a fait pour les légitimistes La Rochejacquelein et de la Guéronnière, pour l'orléaniste Dupin, pour le républicain Billault.

Comment n'en aurait-il pas été ainsi ? La France entière n'était-elle pas devenue l'empire du mensonge et de l'hypocrisie ? Tout ce qui s'imprimait, se disait, se proclamait, livres, journaux, brochures, discours, sermons, pièces de théâtres, leçons, poésies, tout conspirait à dénaturer, à transformer, à dissimuler, à déguiser la vérité.

Les journaux ne pouvaient paraître qu'avec une autorisation, ceux qui, en raison de la longue durée de leur existence, faisaient un semblant d'opposition, comme pour tromper l'opinion et faire croire à une apparence de liberté, surveillés de près, ne dévoilaient que les secrets sans importance, car ils se savaient incessamment sous le coup d'une mesure de suspension ou de suppression.

Chaque imprimerie était pourvue d'un certain

nombre d'agents de police; aussi les livres et les brochures qui auraient eu l'audace de lever un coin du rideau, se seraient vu saisir avant leur mise en vente : il y en a eu quelques exemples. Ce qui s'imprimait à l'étranger était saisi rigoureusement à la frontière, et les introducteurs punis de la prison, de l'amende et quelquefois de pire encore. Aussi n'en circulait-il que fort peu d'exemplaires qu'on payait fort cher.

Le temps était-il nuageux, il fallait, par ordre, imprimer qu'il faisait le plus beau soleil du monde ! Et réciproquement.

Le potentat sortait-il pour faire une promenade, précédé, entouré, suivi de ses cohortes de séïdes corses, vêtus les uns en bourgeois, les autres en ouvriers; on devait annoncer en gros caractères que le souverain était sorti seul, sans escorte, que, reconnu par quelques passants, il avait été acclamé par la foule et accompagné jusqu'aux Tuileries aux cris de vive l'empereur !

Il n'y avait qu'un seul thème agréable au gouvernement : l'éloge de l'autocrate.

En ce qui concernait les actes politiques, impossible de les apprécier, de les juger, d'éclairer l'opinion sur leur portée, avant que le maître eût donné la note laudative dans le *Moniteur universel*, et fait donner la note critique par un de ses agents dans un des journaux d'opposition de tolérance destinés, de concert avec les journaux officieux, à propager l'erreur, à maintenir enfin autour du pays cette atmosphère d'ignorance qui l'enveloppait et l'aveuglait.

Même système de mensonges et de dissimulation dans les choses de détail, dans les faits qui intéressaient les familles.

Si vos enfants, vos frères, vos parents mouraient en combattant pour la patrie, en Crimée, en Italie, en Chine, au Mexique, dans ces pays lointains où la politique personnelle les envoyait pour tuer ou être tués, vous prévenait-on de ce qu'ils étaient devenus? Non. Si vous alliez vous enquérir vous-même dans les ministères, on vous disait qu'on ne savait rien, ou l'on travestissait même les événements les plus graves. On se jouait de vos inquiétudes, on riait de vos misères, de vos douleurs, de vos larmes ! Souvent ils vous bafouaient cyniquement, les sacripants de la bureaucratie impériale ! Et si, indigné, irrité, exaspéré de ce cynisme, vous éleviez la voix pour protester contre ces excès de barbarie impudente, pour laisser déborder l'amertume de votre cœur en quelques mots énergiques, un espion était là, qui vous dénonçait, un gendarme vous arrêtait, il se trouvait un tribunal complaisant pour vous condamner... à moins qu'en vertu de la loi de sûreté générale, on eût trouvé plus commode de vous transporter sans jugement.

Par ses manœuvres, par l'exemple de sa cour, par l'affaissement qu'il a imprimé aux caractères, Napoléon III a plus corrompu la France, plus perverti le genre humain, dans ses vingt années de règne, que n'ont pu le faire tous les tyrans de Rome depuis Néron jusqu'à Victor-Emmanuel.

L'athéisme, le goût des plaisirs, la passion du

luxe, des prodigalités effrénées, des dépenses hors de proportion avec les ressources, du jeu, des spéculations éhontées, du lucre sans travail, des entreprises aventureuses, l'indifférence, le dédain ou même le mépris pour les liens légitimes, pour la vie d'intérieur, la manie de la domination violente et brutale, passèrent du monde de la cour des Tuileries au monde aristocratique; puis à la société interlope qui les inocula peu à peu à la paisible bourgeoisie, où ces vices produisirent la discorde, la ruine, le déshonneur.....

Encore quelques années d'un pareil désordre moral, d'une telle saturnale sociale, où, comme l'a dit un écrivain, le mauvais exemple venait d'en haut, et la nation la plus éclairée, la plus intelligente, la nation initiatrice qui avait fait 1789, 1830, 1848, pour émanciper le monde, descendait à l'état de BAS EMPIRE de malfaiteurs et de bandits !

Grossir les budgets, accroître les impôts, se procurer des ressources par tous les moyens possibles, en spéculant sur les concessions de monopoles, en favorisant les entreprises les plus véreuses, les tripotages les plus éhontés pour se donner le moyen d'acheter des villas, des châteaux et des rentes aux diverses Marguerite Bellanger qui servirent de Montespan à ce nouveau Louis XIV, et engraisser les apanages de certains cousins chargés d'amuser et de manier les journalistes, les lettrés et les artistes en appétit d'opposition, telle fut la politique intérieure de 1852 à 1867.

Je n'ai ni le temps, ni l'espace nécessaires dans

cette rapide esquisse pour dire ce que je sais sur les hommes qui ont contribué à diriger cette politique. On trouvera, dans le volume de mémoires, dont je prépare l'édition authentique, des portraits à la plume, aussi ressemblants qu'il m'a été possible de les faire, de Morny, de Persigny, de Saint-Arnaud, de Fould, de Troplong, de Rothschild, de Collet-Maigret, de Bacciochi, de Conneau, de miss Howard, de la duchesse Castiglioni, ainsi que les aventures du complot de l'Opéra-Comique, du prince Cammerata, de Morelli, etc.

Pour donner une idée du genre de spéculations industrielles que pratiquaient certains familiers des Tuileries, je me bornerai à raconter en quelques lignes le cas de Mouvillon de Glimes.

VI

M. DE G.

M. de G. était émissaire officieux de Don Carlos à Saint-Pétersbourg. A la chute de ce roi sans couronne il s'associa avec la comtesse de Montijo, jeune veuve qui partageait ses convictions politiques. Ils parcoururent ensemble, accompagnés de la jeune Eugénie, l'Italie, la France, l'Allemagne, l'Angleterre, la Belgique, etc. Tous trois descendaient au même hôtel, avaient même appartement et même table.

Les gens en les voyant passer disaient : « le père la mère et la fille. »

Lors du mariage de leur chère Eugénie, madame de Montijo partit pour Madrid, de G., ex-ambassadeur, devint financier. Il fonda, à Clichy-la-Garenne, une société en commandite au capital de fr. 6,000,000, intitulée : *Produits chimiques*. Il prit la qualité de chimiste et s'empara du titre de gérant.

Croira-t-on, et pourtant c'est la pure vérité, qu'un espagnol, sans administration, sans employés, sans avoir une action imprimée, ait trouvé moyen de faire faire à ses actions 30-35 francs de prime à la cote de la Bourse; et cela dans Paris, la capitale de l'intelligence par excellence ?

En outre, et toujours grâce à ses hautes protections, de G. a fait souscrire et verser les sommes ci-après :

Au général Schram . . . . fr.	30,000
Au général Fleury	25,000
Au chambellan Tascher de la Pagerie . .	30,000
Au député Belmontet	20,000
Au député Husson	15,000
Au colonel Thirion	12,000
Au général Vaudrey	10,000
Au régisseur Gelis	10,000
A l'employé Griscelli	72,000
A l'employé Alessandri	10,000
A l'employé Bertora	5,000
A M. de Bassano	25,000
A reporter	264,000

Report.	264,000
A M. de Pierre.	25,000
A M. de Lourmel.	25,000
A M. de Wagner.	25,000
Au banquier Vallet, passage Saulnier . .	450,000
Au banquier Levêque, rue de la Victoire.	600,000
A l'agent de change Gouin.	150,000
Total.	1,539,000

Un million cinq cent trente-neuf mille francs.

Le jour même où l'associé de Mme de Montijo palpa cette somme (avec l'appui de sa protectrice), le comte de M. de G. passa les Pyrénnées et s'en alla à Madrid, auprès de son ex-compagne...

Une plainte fut déposée immédiatement entre les mains du procureur général, qui la transmit à un juge d'instruction. Mais hélas ! malgré la puissance des signataires lésés qui demandaient l'arrestation et l'extradition de G., une puissance plus forte arrêta tout : plainte, déposition des témoins, etc., etc. Des méchants prétendirent alors que des brevets de sénateur et quelques fauteuils de conseillers à la cour facilitèrent cet apaisement.

VII

LES PROUESSES DE LA POLICE. — L'AFFAIRE ORSINI.

Avant d'en finir avec la politique intérieure du règne de Napoléon III, je crois devoir donner encore un échantillon du désordre qui régnait même dans l'administration de la police, dès la fin de 1857, quoique le chef d'Etat, homme de conspiration et de police lui-même, eût, dans l'origine, donné tous ses soins personnels à l'organisation de ce service.

Mais un des plus grands vices des gouvernements absolus et arbitraires, c'est que chaque chef de service, ne se jugeant responsable qu'envers le maître, s'attribue une sorte de pouvoir discrétionnaire, et, à l'imitation du maître, tend sans cesse à tout ramener, dans ses fonctions, à l'exécution de ses volontés individuelles, à la satisfaction de ses intérêts personnels. Après avoir perdu de vue l'intérêt général de la société, de l'État qui le paie, il finit par perdre la notion de ses devoirs envers ses chefs immédiats et envers le despote dont il se croit le représentant.

Ainsi, en matière de police, qu'un agent, perverti par les doctrines du despotisme, fasse une capture importante, sa première préoccupation ne sera pas d'en prévenir son chef, qui pourrait se targuer de cette capture et s'en faire honneur ; non, ce sera de supputer le parti qu'il peut tirer de l'affaire pour son avancement, d'en faire en quelque sorte son affaire personnelle, de dresser ses batteries pour que le souverain, distributeur des grâces, sache bien que c'est à lui seul qu'on doit la récompense du service rendu.

Ce qui se passa lors de l'attentat d'Orsini montre dans tout son jour le grand inconvénient de ce système.

Orsini était à Paris depuis le 15 décembre 1857.

Piétri, préfet de police, le savait. Billault, ministre

de l'intérieur, le savait. Plusieurs chefs de service de la police le savaient également; et aucun de ceux qui avaient reçu avis de son arrivée n'ignorait dans quel but il était venu à Paris.

Le devoir de chacun de ces hommes était de prévenir soit Napoléon, soit le service de sûreté personnelle du chef de l'État.

Aucun d'eux n'y songea, parce que chacun voulut attendre que ses agents lui missent en mains tous les fils de la conspiration, pour pouvoir se poser personnellement en sauveur.

Aussi, qu'arriva-t-il ? Un subordonné suivit l'exemple des chefs. L'officier de paix qui arrêta l'ami d'Orsini, Piéri, porteur d'une bombe fulminante, le 14 janvier 1858, dans le passage de l'Opéra, quatre heures avant l'attentat, au lieu de prévenir le préfet de police et de faire suspendre la représentation annoncée à l'Opéra *par ordre*, jugea à propos de *garder le silence*.

Ce fut seulement à huit heures et demie, après l'effroyable explosion des bombes qui firent tant de victimes, que la police manifesta son zèle, en accourant sur le lieu du désastre, en arrêtant, à tort et à travers, tout ce qui lui parut suspect et en criant bien haut qu'elle avait sauvé l'empire, — ce que Napoléon III voulut bien avoir l'air de croire.

Piétri et Billault, qui dînaient au Palais-Royal ce jour-là, donnèrent leur démission ; Piétri m'entraîna dans sa disgrâce.

Quant aux autres agents de divers grades, ils furent tous récompensés.

Napoléon III se fit apporter dans son cabinet un certain nombre de croix pour les offrir à ses sauveurs.

M. Hyrvoix, chef de la police des Tuileries, qu'un mal de dents avait retenu au lit ce soir-là, fut fait officier de la Légion d'honneur.

Alessandri et Nobely, agents de police qui se promenaient sur les boulevards au moment de l'événement, furent nommés chevaliers.

Également chevalier, fut fait l'officier de paix qui avait arrêté Piéri et gardé le silence. Mais, comme il aurait mérité d'être cassé, on ajouta à sa croix une pension de 1,200 francs.

Des gratifications en argent de 500 à 2,000 francs furent dévolues à tous les agents, suivant leurs grades.

Enfin Napoléon III s'apercevant, quelques jours après, que, sur la provision de croix qu'il s'était fait apporter sur sa table, il lui en restait encore deux de disponibles, il eut la grandeur d'âme d'en offrir une à M. Charles Thélin, son valet de chambre; l'autre fut dévolue à M. Bertord, serviteur de Bacciochi.

C'est ainsi que le magnanime souverain, qui devait illustrer son grand cordon à Sedan, relevait le prestige de la croix d'honneur et employait judicieusement les fonds secrets!

VIII

LA POLITIQUE EXTÉRIEURE. — GUERRE DE CRIMÉE

On prête à Napoléon Ier cette définition de la politique extérieure:

« Elle consiste à jouer aux hommes ! »

La politique extérieure de Napoléon III, cette politique dont il était si fier, et dont la France paye bien cher aujourd'hui les folies, les trahisons et les ruses, n'était pas un jeu d'hommes d'État, mais un vrai jouet d'enfant, à bascule constamment oscillante, une girouette tournant au gré de tous les vents et surtout au gré du souffle personnel de cet étrange souverain qui, suivant l'expression de lord Cowley, avait trouvé le moyen de mentir sans parler. Cette politique, dans laquelle son orgueil se mirait, parce-qu'il s'aveuglait lui-même, devait, après dix-neuf ans, amener la France à l'isolement absolu et déterminer la ruine de la dynastie.

Les paroles solennelles prononcées à Bordeaux : l'Empire, c'est la Paix ! n'étaient qu'un odieux mensonge. Il savait bien, dès lors, que l'Empire issu du serment violé le deux Décembre 1851 et des massacres du 4, ne pourrait, comme toutes les tyrannies fondées sur la violence et la force, se maintenir que s'il offrait au pays, en compensation de la perte de sa liberté et de sa dignité, le décevant prestige de la gloire militaire.

Mais il lui fallait une guerre lointaine, entreprise avec des alliés puissants pour lui donner entrée dans le grand conseil des souverains. Il la prépara de longue main, par ses journaux amis et ennemis. On verra dans le chapitre de mes Mémoires consacré à la comtesse de Gardonne, comment il fut, par mon intermédiaire, instruit des secrètes manœuvres de la Russie.

Eut-il aussi pour objet, dans cette entreprise faite au nom du respect dû aux Lieux-Saints, de se procurer l'appui, toujours avidement recherché par lui, des ultramontains de France et des jésuites de Rome ? La chose est assez vraisemblable.

Toujours est-il qu'il se déclara le protecteur de l'empire ottoman, entraîna dans cette affaire le cabinet anglais et le petit gouvernement du Piémont qui, déjà, rêvait des campagnes d'un intérêt plus immédiat pour lui, et que, grâce à cette triple alliance, l'Europe civilisée assista avec étonnement, pendant deux années au massacre de 200,000 hommes, au gaspillage de deux milliards en achats de poudre, de fusils, de canons, de projectiles, massacres et gaspillages accomplis entre Français catholiques, Anglais protestants, Turcs mahométants, d'une part et d'autre part Russes schismatiques, sous le fallacieux prétexte de se disputer la possession d'un fragment de tombeau de Jésus-Christ, qui n'existait pas, que personne n'attaquait..., et que les catholiques négligent, que les Anglais dédaignent, que les mahométans méprisent, que les Russes ne connaissent pas !

Et ces faits inimaginables se sont produits en plein XIXe siècle, dans ce siècle de lumières, aux applaudissements des peuples éclairés, et cela par suite de la toute puissance personnelle de Napoléon III, qui a eu, non-seulement l'art d'entraîner l'Angleterre et la Sardaigne, à la grande boucherie humaine de l'Alma, d'Inkermann et de Malakoff, mais encore, depuis la victoire, de peser assez sur les conseils de ses trois alliés pour dispenser la Russie de payer les frais de la guerre et se donner, à l'égard du Czar, les gants d'une générosité personnelle, facile à pratiquer puisqu'il le faisait aux dépens de ces bons peuples, toujours forcés finalement de faire les frais des libéralités, aussi bien que des vices de leurs princes.

Peut-être M. de Bismarck se fût-il montré aussi magnanime s'il eût traité avec un prince après l'issue de la déplorable guerre franco-allemande, au lieu de traiter avec le représentant d'une république.

Je recommande cet argument aux bonapartistes qui prétendent que Bonaparte aurait obtenu de meilleures conditions que la République.

De prince à prince quelles gentillesses ne se fait-on pas, quand ce sont les peuples qui payent!

Si Napoléon III avait espéré que le Czar lui serait reconnaissant de cette magnanimité, on peut dire qu'il avait compté sans son hôte. Il aurait dû savoir, en sa qualité de prince, que les princes ne sont reconnaissants, de même qu'ils ne sont généreux et magnanimes, que quand ils croyent y avoir intérêt. Quel plaisir n'ont-ils pas, au contraire, ceux-là surtout qui se targuent de la supériorité d'une légitimité incontestée, à se venger par une ingratitude bien sentie de l'humiliation que leur a imposée un aventurier en leur rendant service! Alexandre II et Victor-Emmanuel se sont amplement donné cette auguste satisfaction.

Il est vrai, du reste, qu'il en est ainsi à tous les étages de notre triste humanité, que les grands semblent toujours tenir pour injure les services des petits ou de ceux qu'ils estiment moins grands qu'eux, et que Napoléon III ne s'est pas fait faute, chaque fois qu'il y a trouvé son intérêt, de pratiquer scrupuleusement cette noble indépendance du cœur qu'on appelle l'ingratitude.

Le traité de paix avec la Russie fut signé le 25 mars; mais par une sorte de fatuité de fataliste, Napoleon III ne voulut l'inscrire au *Moniteur* que le 30, « attendu, disait-il, dans son orgueil
« dynastique, — que c'est le 30 mars 1815 que l'Eu-
« rope coalisée dans le congrès de Vienne, prononça
« l'expulsion de France des Bonapartes..... je veux
« que ce soit à la même date que les représentants
« de toutes les puissances reconnaissent, quarante
« ans après, aux Tuileries, un Bonaparte comme
« empereur des Français. »

XI

GUERRE D'ITALIE

La ruineuse victoire de Crimée était à peine liquidée à grand renfort d'emprunts onéreux, que le prétendu Machiavel couronné commença, suivant son système de conspirations perpétuelles, à conspirer la guerre d'Italie, non-seulement dans ses entretiens secrets avec Cavour à Plombières, mais encore par les manœuvres qu'il fit faire aux journaux dits de l'opposition.

Dès novembre 1855, on avait eu soin de montrer Victor-Emmanuel aux Parisiens dans un grand concert d'orphéonistes donné à la suite de l'exposition universelle, au Palais de l'Industrie.

Il n'épargna rien, flatteries, promesses aux uns et aux autres, achats de gazettes et de consciences tant libérales que cléricales, pour atteindre son but quadruple ; conquérir l'adhésion ou la complicité d'une partie de l'opposition libérale, qui ne demandait pas mieux que d'être conquise et de pactiser avec lui, de même qu'il croyait avoir conquis par la guerre de Crimée, le chauvinisme militaire et les pieux adorateurs des Lieux Saints ; — donner des gages aux conspirateurs carbonari qui ne cessaient (il le savait) de travailler contre lui en Italie, et qui ne pouvaient manquer de le mettre très-prochainement en demeure de tenir les engagements autrefois pris avec eux ; — prévenir les appréhensions que pouvait causer une pareille entreprise aux cléricaux ultramontains ; — enfin et surtout exercer sa vengeance de Corse contre les Bourbons de Parme, de Naples et de Modène, et tâcher de refaire au nom des Bonapartes la prétendue popularité dont il avait joui en Italie, la réhabilitation enfin de l'échec subi à Waterloo !

Les bombes d'Orsini précipitèrent sa détermination, en même temps qu'elles lui fournirent un prétexte, au moyen de la loi de sûreté générale, pour éloigner du territoire français les éléments turbulents qui auraient pu le gêner dans l'accomplissement de son opération politique et militaire.

Tels furent, j'en parle avec plus de connaissance de cause que la plupart des écrivains stipendiés, officiels ou officieux, qui se firent les historiographes de la guerre d'Italie, tels furent les motifs réels de cette campagne inique, préparée dans les conciliabules de Plombières, et dont la pensée aurait dû répugner à tous les hommes clairvoyants qui ont quelque sentiment, ou quelques notions des véritables intérêts politiques de la France.

« Libre jusqu'à l'Adriatique! » s'écriait Bonaparte en partant pour l'Italie, en se posant en grand guerrier et en grand politique, pour flatter la gloriole militaire et chevaleresquement libérale de ce peuple français, qui se paye si aisément de mots.

Et il semblait prêt à fonder l'unité italienne, le prétentieux et ignorant disciple de Machiavel, comme s'il n'avait pas dû savoir que le grand principe : « diviser pour régner! » s'applique aux nations aussi bien qu'à leurs souverains, et qu'il ne pouvait y avoir que préjudice pour la France à développer, par la force de l'unité et de la concentration politique, une nation voisine, douée de toutes les fécondités, de tous les éléments de richesse, de prospérité, de puissance, et qui n'a contre elle que les vices, les lâchetés, le désordre, l'incapacité de ceux qui la dirigent. (Mais à cette époque, où elle possédait un Cavour, qui pouvait prévoir qu'il serait si mal secondé, même et surtout par son roi!) Ils devaient donc paraître encore plus redoutables qu'ils n'ont été terribles, les résultats de cette guerre impolitique qui n'a pas peu contribué à conduire aux abîmes la dynastie, qui n'en sortira pas, j'ose l'espérer, et la France qui a tant de peine à en sortir!

Il ne poussa pas jusqu'à l'Adriatique, le chevaleresque paladin; il s'arrêta à Villafranca!... ce qu'il avait fait suffisait à ses appétits de gloire militaire. Il faut croire que sur le chemin de cette bourgade, de même que saint Paul sur le chemin de Damas avait été illuminé par la vérité chrétienne, Napoléon III, par une de ces hallucinations qui lui étaient familières, se vit lui-même entrant à Paris sur un char de triomphe et proclamant l'amnistie au milieu des bénédictions de tous les peuples!

S'il excellait dans les conspirations et dans les combinaisons policières le glorieux guerrier n'était pas moins expert dans la mise en scène de sa majestueuse personne et dans l'arrangement des pompes héroïques qui frappent l'imagination de ces grands enfants qui constituent la foule enthousiaste les jours de fête publique.

Aussi fut-elle brillante en uniformes, en états-majors, en drapeaux, abondante en multitude, bruyante en fanfares, en acclamations, en cris de vive l'empereur! vive le vainqueur de Magenta! la cérémonie de la rentrée des troupes. Bonaparte alla au devant des débris de Magenta et de Solférino jusqu'à la Bastille, et les conduisit, par les boulevards, jusqu'à la place Vendôme, où les régiments défilèrent devant l'état-major à cheval et devant le balcon occupé par l'impératrice, entourée de sa cour.

Cependant cette foule avec ses cris ne suffit point à satisfaire l'ambition de la clairvoyante espagnole, elle remarqua, avec un dépit mal dissimulé, et un dédain peut-être un peu trop castillan, que ce jour-là, les grands équipages armoiriés, la noblesse et la haute bourgeoisie avaient paru préférer le bois de Boulogne à la fête militaire à laquelle la populace seule avait pris part.

Il est de fait que les spoliations de la Toscane, de Modène, de Parme avaient froissé les convictions politiques et religieuses d'un grand nombre de familles parisiennes, qui avaient peut-être vu, dans ces faits iniques, le pronostic d'une usurpation encore plus exorbitante.

Le commencement de leurs prévisions ne devait pas, hélas! tarder à se réaliser. L'invasion de la Romagne, faisant partie du domaine pontifical, et l'expédition de Sicile et de Naples, suivirent de près le traité de Zurich, substitué au traité de Villafranca par le coupable complaisant ou le criminel complice de l'insatiable ambition de la maison de Savoie.

Veut-on avoir une idée de la façon dont s'accomplissaient ces usurpations, dont on lira divers épisodes dans l'édition authentique de mes Mémoires, avec des appréciations appuyées de faits et d'anecdotes, du caractère de Cavour, de Victor-Emmanuel, de Sa Sainteté Pie IX, du cardinal Antonelli, de Rattazzi, de Ricasoli, de Boncompagni, de Crispi, de Garibaldi, de d'Azeglio, de S. M. François II, de monseigneur Bovieri, — qu'on jette un coup d'œil sur l'anecdote suivante, dont je suis le héros et qui peint assez exactement le mouvement des foules prétendues libérales dans les provinces romagnoles.

X

LES LIBÉRAUX DE BOLOGNE

Pendant que la police et les comités organisés par Cavour détrônaient les roitelets de l'Italie centrale, l'armée franco-italienne marchait à pas de géant dans la Haute-Italie. A Montebello, à Palestro, à Magenta, à Solférino, des victoires éclatantes couronnaient les drapeaux des deux nations. La paix de Villafranca vint arrêter l'élan et laisser inachevé le programme de Napoléon : *l'Italie libre des Alpes à l'Adriatique!*

Le comte Cavour, en apprenant cette nouvelle, m'envoya avec Massimo d'Azeglio, commissaire extraordinaire dans les Romagnes, puis il donna sa démission et se retira à Genève.

Rattazzi le remplaça pendant que je me dirigeais, avec le représentant du roi, vers Bologne, où nous fûmes reçus à la porte de la ville par une population avide de contempler le mandataire du roi qui leur apportait la liberté. J'ai vu bien des entrées, bien des réceptions, mais aucune ne peut égaler celle que les Romagnols firent au commissaire piémontais lorsqu'il entra dans Bologne. Les rues étaient jonchées de fleurs, les portes, les croisées étaient garnies de dames et pavoisées des couleurs nationales. Le grand Saint-Putrane où nous descendîmes, était couvert de guirlandes et de lanternes vénitiennes. Des corps de musique, jouant des morceaux de Rossini, Donizetti et de Verdi, stationnaient sur chaque place, excitant la joie frénétique des Romagnols le premier jour de leur délivrance.

Le soir, banquet grandiose où toutes les classes confondues, choquait les verres à la santé du premier soldat de l'indépendance, de celui que les zouaves avaient nommé leur caporal.

Le berger corse, et c'est ici le moment d'apprécier le talent du véritable agent, quittant furtivement la fête, au moment où elle était la plus animée, alla frapper à la porte du cardinal Viale, l'auteur du concordat, le plus ultramontain des prélats romains, qui, par un heureux hasard, était son compatriote. Il fut reçu par le cardinal comme un des siens, comme un homme qui détestait la révolution et les Piémontais. Je fus bientôt forcé, malgré moi, de lui donner des preuves convaincantes à cet égard.

En effet, pendant que les autorités dînaient, les musiques s'étaient réunies sous le balcon du palais du gouverneur. La populace de Bologne se mit alors à courir les rues en criant :

— *I lumi!* des lampions, allumez vos fenêtres!

Toutes les maisons, toutes les rues furent bientôt illuminées. Un seul palais restait dans l'obscurité; c'était le palais archiépiscopal, la demeure du prince de l'église, de l'archevêque-cardinal de Bologne, une bande de forcenés, croyant que le ministre de

Dieu n'allumait pas en signe de protestation, se porta sous ses fenêtres en vociférant :

— *I lumi! I lumi!*

Ne recevant aucune réponse, les forcénés enfoncèrent les portes, escaladèrent les grilles, traversèrent la cour et, s'avancèrent dans les escaliers. Le moment était critique, décisif. Il fallait laisser égorger le cardinal ou faire face audacieusement à l'émeute. Je choisis le dernier parti et me présentai hardiment sur le haut de l'escalier. D'une voix assez haute j'interpellai la cohue Romagnole :

— Où allez-vous? que demandez-vous? C'est ainsi que vous entendez la liberté! Est-ce que vos tyrans, que les Français ont chassés, vous forçaient d'illuminer vos fenêtres le jour de leur fête? pourquoi et de quel droit voulez-vous forcer un prince de l'église à illuminer vos saturnales révolutionaires? je vous préviens que je suis Français et que demain Napoléon III saura le bel usage que vous faites de votre liberté.

Tous s'arrêtèrent : mais, comme dans toutes les affaires de ce genre il y a des meneurs et des moutons de Panurge, un des premiers cria :

— En avant, sera-t-il dit que le peuple de Bologne aura reculé devant un Français !

Pendant qu'ils franchissaient les premières marches, je tirai en l'air un coup de pistolet qui fit tant de bruit sous les voûtes que les meurtriers se précipitèrent les uns sur les autres, en s'empressant de repasser la grille. Les derniers furent même malmenés par les marmitons de Son Eminence qui, les voyant fuir, s'élancèrent après eux avec des fourches, des bâtons et des hallebardes. Le cardinal, qui avait tremblé un instant pour sa personne, riait à gorge déployée en voyant la manière dont ses valets frappaient sur les révolutionnaires. Sur ma demande, il me donna une lettre d'introduction près d'un de ses amis à Rome.

Le lendemain, pendant que nous riions d'Azeglio, Menghetti, Pepoli, Montanari et moi de l'affaire de la veille, les journaux libéraux annonçaient à leurs lecteurs que la fête avait été digne des Bolognais, qu'un seul palais, celui du *rétrograde ultramontain* cardinal était resté dans l'obscurité. Le reste de la nuit n'avait été que feu, danses et chants pendant toute la nuit. Les feuilles cléricales disaient au contraire que l'arrivée du commissaire du roi sarde avait occasionné des orgies dans la paisible ville de Bologne, et que sans la présence et le courage d'un officier Français (on me croyait officier), elle aurait été signalée par l'assasinat de S. E. le cardinal Viale. Les journanx ultramontains en disaient assez pour que les sanfédistes de la Ville Éternelle désirassent ma présence au milieu d'eux.

XI

LES GUERRES DE CHINE ET DU MEXIQUE.

Je n'ai que peu de mots à dire de la campagne de Chine, évidemment entreprise à l'instigation de l'entourage jésuitique de l'Impératrice et dans le but de rattacher de plus en plus le parti clérical à la politique impériale et de la consoler des exactions commises par les proconsuls piémontais dans les états des princes italiens et dans ceux du Souverain Pontife.

Comme les mandarins chinois avaient, sans distinction de secte, massacré les missionnaires anglicans aussi bien que les missionnaires catholiques, on réussit aisément à intéresser l'Angleterre dans cette expédition.

On sait avec quelle facilité l'armée anglo-française s'empara du fort de Palikao, comment, encouragée par ce succès, elle marcha sur Pékin, guidée par les missionnaires qui avaient échappé au massacre, comment enfin eut lieu, sans combat, l'occupation, le sac, le pillage du palais d'été, quel butin en rapportèrent soldats et officiers !

On se rappelle encore les scandales des ventes publiques de curiosités chinoises et d'objets précieux qui se firent à Paris. L'impression générale produite sur l'opinion publique par cette campagne fut telle que, pour la première fois, le Corps législatif, ordinairement si docile, résista à un désir de l'empereur et refusa d'accorder la dotation de cent mille francs demandée pour le général Cousin-Montauban, affublé du titre de comte de Palikao.

Pourquoi la France, qui avait si aisément entraîné l'Angleterre dans son entreprise contre la Chine, qui obtint si facilement son concours pour la première expédition du Mexique, ne se laissa-t-elle pas aussi entraîner à agir de concert avec la Grande-Bretagne pour une intervention diplomatique et, au besoin, armée en faveur du Danemark, en 1863, dans la question des Duchés? L'heure était bonne pour écraser dans l'œuf l'aigle Teutonne! Les hommes d'État anglais, sans prévoir les énormes et déplorables conséquences de l'iniquité que l'Europe laissait accomplir contre le Danemark, sentaient qu'il y avait peut-être plus qu'un crime, comme disait M. de Talleyrand, une vraie faute politique à abandonner ce petit état à ses ambitieux voisins, faute qu'on pourrait bien avoir à expier plus tard; ils sollicitèrent le concours du gouvernement français..... vainement! La politique personnelle de Napoléon III ne trouvait rien à gagner dans la défense de cette cause juste... et puis elle se flattait, — en ménageant la Prusse, d'obtenir d'elle des accroissements de territoire sur les bords du Rhin, — en ménageant l'Autriche, de s'en faire une alliée pour tenir en respect, s'il était nécessaire, l'entreprenant chef du royaume d'Italie.

D'ailleurs, l'empereur n'était-il pas un ancien ami de M. de Bismarck, qui commençait à prendre position dans la politique prussienne ? L'entourage de l'impératrice n'était-il pas au mieux avec M. et Mme de Metternich, la lionne de la cour des Tuileries, qui délibérait de concert avec l'élégante et luxueuse espagnole sur les hautes questions de toilette, de modes et de bals travestis ?

Si l'abandon du Danemark fut une des fautes politiques les plus graves de la politique personnelle, l'expédition du Mexique fut un des crimes les plus atroces de ce règne criminel. Voici quelles furent les intrigues préliminaires qui préparèrent cette entreprise :

S'il fut au monde un homme qui apprit avec une joie immense le départ d'une armée française pour la Chine, son débarquement, son entrée triomphante à Pékin et la fondation d'une église catholique libre sur la terre de Confucius, ce fut assurément le prince de l'Eglise, disciple d'Ignace de Loyola, sa grandeur monseigneur de La Bastida, archevêque de Mexico, de funeste mémoire ! Ce triomphe de la foi en Chine lui fit rêver des succès pareils sur la terre des Incas, et il vit aussitôt, dans son hallucination de prélat ultramontain, le Mexique transformé en empire catholique, dont lui-même devenait le chef spirituel, une sorte de Pape du Nouveau-Monde !

Homme du monde, rusé politique, savant studieux et érudit, jésuite sans scrupule, initié et associé à toutes les intrigues politiques, administratives, financières de son pays, La Bastida, considéré comme un ennemi et surveillé de près par Juarès, sut déjouer toutes les précautions de la police du Président et réussit à quitter furtivement le Mexique pour venir en Europe chercher les moyens de mettre en action les rêves de son imagination de prélat. Il s'embarqua à la Vera-Cruz, aborda en France, à Saint-Nazaire, et se rendit aussitôt à Paris, où il était sûr de trouver dans le palais même du chef de l'État, l'armée d'intrigants, d'ambitieux, d'hommes d'État cupides et sans vergogne, susceptibles de servir à l'exécution de ses desseins. Il ne se trompait pas : c'était là, en effet, mieux que nulle part ailleurs que s'agitaient les éléments politiques et financiers dignes de conspirer avec un ministre de Dieu, la ruine d'une république par les moyens les plus sanguinaires, pour lui substituer, tout en y faisant une ample moisson d'or, un empire catholique, régénérateur de la nation, protecteur de la Religion, de la famille et de la propriété!

Muni des pleins pouvoirs de l'ordre des jésuites et de la procuration du banquier suisse Jecker, l'archevêque, après quelques jours consacrés à étudier les hommes et les choses de l'entourage de Bonaparte, jugea que l'homme le plus propre à prendre une initiative dans cette affaire et à la mener à bien était M. de Morny, le protecteur né de toutes les opérations véreuses, de toutes les commandites audacieuses, de tous les grands escamotages de millions.

La première entrevue de ces deux personnages eut lieu au palais de la Présidence du Corps législatif.

La Bastida, qui s'était bien renseigné sur le caractère de son interlocuteur, ne perdit par beaucoup de temps en politesses banales ; il aborda presque immédiatement la question politique à son point de vue personnel de prêtre-jésuite, parla du despotisme des républicains, des persécutions qu'exerçait leur gouvernement contre la religion catholique et contre ses ministres, particulièrement au Mexique, puis il flatta adroitement les prétentions du parti impérialiste, en parlant de la mission divine des Bonaparte, de l'admiration, de l'enthousiasme qu'ils avaient excités dans toute la catholicité, en protégeant tour à tour le tombeau de Jésus-Christ contre les Russes schismatiques et en vengeant les missions chrétiennes outragées et persécutées dans l'extrême Orient, en plantant la croix du Rédempteur du monde sur les terres les plus barbares, enfin, par une de ces transitions habiles dans lesquelles les jésuites sont passés maîtres, il en vint à parler de la créance considérable du banquier suisse Jecker ; il le fit en appuyant sur chaque mot, comme un homme qui se sait écouté attentivement et absolument compris.

Morny, qui n'était pas homme à laisser échapper une si belle occasion d'encaisser quelques millions, en achetant à vil prix des titres dépréciés de la créance Jecker et en en décuplant la valeur par l'intervention armée de la France, promit à l'archevêque de lui faire obtenir une audience de l'Impératrice.

Dès le lendemain, en effet, le président du Corps législatif présentait le prélat à la dévote et ambitieuse espagnole. Tous deux lui exposaient l'affaire sous des couleurs si séduisantes pour sa vanité, en lui affirmant qu'en sa qualité d'Espagnole, devenue, par la grâce de Dieu, impératrice des Français, elle avait pour ainsi dire le devoir, la mission divine de délivrer le Mexique, terre espagnole, de la république et des républicains anti-chrétiens, de le conquérir, comme elle avait, par son influence, arraché les Lieux-Saints aux Russes et assuré la liberté aux missionnaires en Chine, d'établir enfin dans ce pays rendu à la foi catholique et au principe monarchique, une royauté de son choix.

Eblouie par ces louanges sortant de la bouche d'un prince de l'Eglise, la souveraine se fit volontiers la complice des deux compères, déclara que désormais elle considérait la cause des catholiques et monarchistes mexicains comme sa cause personnelle et promit d'en parler le jour même à l'Empereur.

Napoléon III, qui avait été tenté d'intervenir dans la guerre de l'Amérique du Nord en appuyant la rébellion des sécessionnistes, qui laissait volontiers percer ses sympathies pour les confédérés et ne cachait pas le déplaisir que lui causait la présence, dans les armées de l'union, de deux princes de la famille d'Orléans, Napoléon ne fut pas fâché de trouver une occasion de faire quelque chose qui fût de nature à désobliger les républicains unionnistes et il savait que rien ne pouvait leur porter plus d'ombrage que l'établissement d'une monarchie catholique presque à leurs portes. Il se laissa donc aisément circonvenir et adopta d'abord *in petto* le plan des trois conjurés avec toutes ses conséquences; il se garda bien toutefois d'en rien laisser voir,

Pour préparer l'exécution de ce plan il ne se départit pas non plus de ses habitudes de ruse et de duplicité. Il chargea ses ministres de colorer l'entreprise du prétexte de la défense des intérêts commerciaux et ordonna à ses diplomates de travailler à Londres et à Madrid de façon à engager l'Angleterre et l'Espagne dans une action commune. Bien mieux, pour ne laisser prise chez ses alliés à aucun soupçon de desseins ambitieux, il offrit le commandemant de l'expédition au général espagnol Prim.

Les préparatifs furent faits rapidement, la guerre fût déclarée et les trois flottes coalisées voguèrent de conserve vers la Vera-Cruz. Mais en arrivant, le général français, au lieu d'obéir au général en chef, suivit les instructions secrètes de Napoléon III, planta le drapeau de la France sur le fort et prit possession de la ville comme terre conquise au nom de la France.

Alors seulement les batteries des instigateurs de cette opération furent démasquées . les satisfactions offertes par le gouvernement mexicain ayant été acceptées par l'Angleterre et par l'Espagne, les contingents anglais et espagnols se rembarquèrent, et le gouvernement français, prétextant une contestation soulevée à propos de la légitimité de la créance Jecker, envoya des troupes de renfort qui étaient préparées à l'avance et donna ordre à Lorencez de marcher sur Puebla.

Laissons Lorencez, Forey et Bazaine se succéder dans le commandement de cette inique et funeste expédition :

Lorencez, en y faisant maudire et exécrer le nom français par ses cruautés. « Les pendaisons sont si nombreuses dans la Terre de Labour, si multiples dans les terres chaudes, écrivait le marquis de C..., officier supérieur de l'armée à un de ses amis, que je pourrais me mettre marchand de *corde de pendu*, lors de mon retour à Paris. »

Bazaine, en faisant mépriser, de son côté, le nom français par ses déprédations et ses spéculations éhontées, ainsi qu'en témoignent les lettres du général Douay.

Revenons en Europe où La Bastida dépêcha trois émissaires à Miramar pour aller offrir la couronne impériale du Mexique à l'archiduc Maximilien depuis longtemps déjà préparé à cette démarche par les soins de Napoléon III, qui avait voulu à l'avance s'assurer son acceptation.

Jetons un voile sur l'inqualifiable conduite de Bazaine à l'égard de ce prince infortuné et de sa femme, ange de bonté, de douceur, de piété, dont la raison ne put résister aux cruelles épreuves de la destinée et rappelons, par un seul mot, le drame sanglant de Queretaro, dont le souvenir dut être pour Napoléon III, jusqu'à sa dernière heure, un objet de terreur, de honte et de remords !

Au point de vue politique, la fin fut digne de l'œuvre. Le gouvernement américain, aussitôt que la guerre de sécession fut terminée, s'empressa de témoigner ses sympthies à la république mexicaine et de faire savoir à la cour des Tuileries qu'il ne verrait pas d'un bon œil la prolongation de l'occupation du Mexique par une armée française. Napoléon III ne se le fit pas dire deux fois; les troupes furent rappelées en France, mais, cette fois leur rentrée ne fut pas triomphale !

Tels furent les résultats politiques de l'entreprise organisée par La Bastida, Morny, Jecker, l'impératrice Eugénie et Napoléon III :

Une perte considérable d'hommes et de matériel, — le nom français maudit et méprisé au Mexique, grâce à des généraux cruels et cupides, — une dépense de plusieurs centaines de millions, une honteuse et silencieuse soumission aux volontés du gouvernement américain, — une ignoble et impudente escroquerie organisée sous le patronage du gouvernement et dont furent victimes un grand nombre de petits capitalistes français, sous le nom d'obligations mexicaines, — l'impossibilité, par suite de l'insuffisance de troupes, de saisir le bon moment, en 1863, pour intervenir, de concert avec l'Angleterre, dans la question du Danemark et mettre un frein aux visées ambitieuses de la Prusse, — une désorganisation telle, dans les forces militaires de la France et dans l'état moral de l'armée, qu'on ne se crut pas assez fort en 1866 pour opposer une digue aux envahissements de la Prusse en Allemagne après Sadowa, et qu'on n'eut pas le moyen d'envoyer sur le Rhin une armée d'observation de cent mille hommes qui eût été bien plus efficace que les *angoisses patriotiques* de

M. Rouher, désorganisation à laquelle voulut remédier le maréchal Niel, en 1868, et qui fut une des causes les plus immédiates des terribles désastres de la France en 1870 et 1871; — enfin, ce dont la France elle-même devait pâtir en 1870, n'en déplaise aux allégations de M. le comte de Gramont, bien que la faute fût toute entière à la politique personnelle de Napoléon et aux manœuvres de son entourage, un abîme de sang creusé par la fusillade de Queretaro, entre la maison de Habsbourg et la dynastie des Bonaparte.

Je me suis borné à esquisser sommairement ici les crimes politiques de Napoléon III; on les a vus, pour ainsi dire, se déduisant les uns des autres par une sorte de lien logique; je n'ai donc pas besoin de les résumer et de montrer comme quoi cette politique personnelle de ruse, ces perpétuels agissements de police secrète conduisirent la France à deux doigts de sa ruine complète, en faisant perdre à son gouvernement, par ses guerres impolitiques et par la duplicité de ses combinaisons diplomatiques, non-seulement ses alliances, mais même la confiance des cabinets et des peuples les plus intéressés à soutenir la cause de la nation française.

La catastrophe de Sedan, la reddition de Metz, la capitulation de Paris, l'impossibilité d'organiser en province une défense efficace, l'insurrection de la Commune de Paris et la guerre civile, l'usurpation par Victor-Emmanuel du domaine de Saint-Pierre, ne furent que les conséquences logiques de la politique criminelle de Napoléon III, tant à l'extérieur qu'à l'intérieur.

Le Dieu bon, devant qui il a à répondre en ce moment des actions de sa vie, pourra user de clémence envers lui. Quant à l'histoire, je ne crois pas qu'elle hésite à condamner les crimes dont il s'est rendu coupable envers la nation française et envers toute la société de son temps.

En ce qui concerne l'homme privé et son entourage, je demande, en attendant les détails plus complets et plus intimes que contiendront mes *Mémoires*, à donner un double échantillon, par le récit succinct de deux aventures personnelles, de la façon dont il pratiquait la reconnaissance.

XII

L'ENTREVUE DE SALZBOURG.

J'ai parlé de l'abîme de sang creusé entre la maison de Habsbourg et la dynastie des Bonaparte par l'exécution de Queretaro.

L'impératrice d'Autriche, sœur de l'héroïque reine de Naples, n'oublia pas ce tragique souvenir, non plus que la complicité de Napoléon III dans l'usurpation des États de son beau-frère par Victor-

Emmanuel, lorsque le souverain et la souveraine de la France obtinrent, à force de supplications, une entrevue avec l'empereur d'Autriche, François-Joseph, dans l'espoir, sinon d'apaiser les ressentiments de la famille impériale d'Autriche, tout au moins de faire croire au public que cet événement n'avait point altéré les bons rapports des deux empereurs.

L'impératrice autrichienne refusa d'assister à l'entrevue, laquelle eut lieu à la station de la ville et fut excessivement froide, malgré les coquettes minauderies de l'Espagnole.

Après l'échange solennel et officiel de politesses courtoises, les trois majestés, accompagnées les unes du général Fleury, l'autre de M. de Beust, premier ministre, se réunirent en un dîner de gala, servi au palais de M. le comte de Coromini, gouverneur du Tyrol, gentilhomme achevé, élevé à Paris et que je connaissais depuis longtemps.

J'eus le malheur de me trouver chez le comte, le jour où le dîner devait avoir lieu. Je dis le malheur, car l'impératrice Eugénie, ayant appris ma présence à Salzbourg, exigea qu'on me fît arrêter et incarcérer pour tout le temps de son séjour.

Le comte de Coromini vint lui-même m'élargir et me témoigner le vif regret qu'il avait eu d'être obligé de contribuer arbitrairement à attenter à la liberté d'un ami de sa maison. « Mais, ajouta-t-il, la colère et la terreur de l'impératrice française étaient telles en parlant de vous, que je n'ai pu me refuser à satisfaire son désir. Elle ne s'est calmée que quand elle vous a su sous les verroux. Maintenant, a-t-elle dit, nous pourrons nous promener tranquillement en Allemagne... »

— Elle craignait sans doute que je lui réclamasse les 72,000 francs que m'a si galamment emportés son oncle, M. de G.

On voit que l'Espagnole trouvait moyen d'enchérir encore sur les procédés de gratitude des Bonaparte. Elle y ajoutait la prison.

N'est-ce pas là payer en vraie monnaie de prince ?

XIII

PARIS, ORLÉANS, CONSTANTINOPLE.

En quittant Salzbourg, six jours après le départ de mes généreux souverains, je me rendis directement à Paris, avec le dessein bien arrêté de me présenter aux Tuileries et de demander à Napoléon III en personne si, oui ou non, je pouvais espérer d'être remboursé de mes 72,000 francs.

En apprenant mon arrivée, Piétri, le même qui trouva plus noble, le 4 septembre 1870, de se cacher sous un déguisement de cuisinier que de s'exposer à être tué en défendant les Tuileries, Piétri mit à ma poursuite ses meilleurs agents. Rencontré rue de Rivoli, je fus arrêté et enfermé à la Conciergerie.

Au bout de huit jours, sans qu'il eût été fait contre moi aucune instruction judiciaire, je fus conduit devant un chef de division de la préfecture de police, qui me dit, en me remettant un passeport :

— Vous êtes interné à Orléans. Partez immédiatement, car si vous étiez arrêté de nouveau, la chose pourrait tourner très-mal pour vous.

— Interné? mais, de quel droit?...

Je n'eus pas le temps d'en dire plus long; deux agents me prirent au collet, me conduisirent à la gare d'Orléans et ne me quittèrent que quand le train, dans lequel ils m'embarquèrent, fut en marche.

Je séjournai peu de temps dans le chef-lieu du Loiret. M'étant aperçu que j'étais l'objet d'une surveillance incessante, qu'on me suivait pour ainsi dire pas à pas, sans doute d'après la recommandation de M. Piétri, je jugeai à propos d'épargner aux agents les frais d'imagination qu'ils auraient pu faire pour broder un rapport sur mon compte et ne pas paraître perdre leur temps... je m'esquivai nuitamment, touchai barre à Paris et gagnai la frontière d'Italie par le chemin de Lyon.

Je passai quelque temps à visiter les campagnes qu'avoisinent les Alpes. Là, je le confesse, faute d'autre aliment à mon activité, je m'amusai souvent à dérouter, à égarer, à embrouiller les espions postés en observation sur la frontière italienne, pour y guetter les conspirateurs chargés de tuer Napoléon ou de faire sauter les Tuileries.

Quel gaspillage de l'argent des fonds secrets pendant ces trois ou quatre mois où, chaque jour, les émissaires de Piétri se croyaient sur la piste de quelque abominable complot et se fatiguaient à poursuivre des ombres de conjurés !

« La police secrète, ai-je écrit dans mes *Mémoires*, est une institution inventée par les tyrans qui ont soif de despotisme et d'arbitraire, ou besoin de se procurer de l'argent sans contrôle... »

J'avais formé le projet d'assister à l'inauguration de l'isthme de Suez. Mais l'homme propose et les souverains disposent. Je crus devoir aller attendre l'époque de cette solennité à Constantinople, où je savais trouver des amis, des compatriotes, attachés à l'ambassade française.

Mal m'en prit.

Ce n'est pas que, tout d'abord, je ne passai de ravissantes journées en agréable compagnie, à visiter les Eaux-Vives, Scutari, Thérapia, tous les bords du Bosphore, et que ces promenades enchanteresses ne m'aient fait oublier, pour un temps, les ingratitudes impériales et les tracasseries de la police Piétri.

Un beau jour, le grand-vizir Ali-Pacha, ayant appris qu'un ancien employé des Tuileries était à Constantinople, me fit mander par un attaché de l'ambassade.

Le lendemain, à midi, je me rendis à la Sublime-Porte. Je n'eus qu'à dire mon nom au drogman pour être introduit aussitôt dans le cabinet du président du Conseil. Celui-ci, en me voyant entrer, se leva, vint à ma rencontre, me tendit la main, et —

chose qui me jeta dans une surprise extrême, moi qui connaissais les usages de l'Orient — me fit asseoir auprès de lui.

Il m'annonça que l'impératrice des Français devant venir en Turquie, il était bien aise d'être renseigné, par un ex-employé des Tuileries, sur le cérémonial à observer pour la réception de cette majesté européenne, sur le service que ses employés et ses gens auraient à faire autour des voitures de l'Espagnole et de sa suite pendant les promenades, les visites, etc.

Et, comme il n'avait pas le temps d'écouter ma réponse, il me pria de vouloir bien lui faire, sur ce sujet, une note écrite, que je lui ferais remettre au ministère.

La nouvelle de l'arrivée de la femme de César me donna à réfléchir. Belle occasion pour elle, pensai-je en descendant les marches du palais, de me payer mes 72,000 francs en piastres turques!

J'aurais dû deviner que la monnaie de l'auguste souveraine serait la même en Turquie qu'en Autriche!

Je fus bientôt complétement édifié à cet égard.

En échange et à titre de remerciement de la note contenant les renseignements qu'il m'avait demandés la veille, Ali-Pacha me fit remettre un billet, m'annonçant que M. Bourrée, ambassadeur de Napoléon à Constantinople, demandait mon expulsion de l empire ottoman ou mon arrestation immédiate, par mesure de sûreté générale.

Je n'eus pas le loisir de délibérer longtemps sur

le choix à faire, car, avant que j'eusse fini de lire la lettre du ministre, des agents de police, escortés de gendarmes, m'appréhendaient au corps et me conduisaient dans le vaste palais de Hussein-Pacha, ministre de la police.

Je passai cinquante et un jours, sans la moindre sortie, dans ce colossal château, qui ne contient pas moins de deux cents femmes et de vingt jeunes garçons, exclusivement consacrés à son usage personnel.

Voilà comment Mme Bonaparte put étaler toutes ses splendeurs dans les fêtes magnifiques et coûteuses de Suez, sans qu'il me fût loisible de prendre une part de ces solennités, organisées au frais du budget de la France !

Par une délicate attention, en me mettant en liberté, on me fit accompagner par des agents qui me conduisirent à bord d'un paquebot des messageries impériales, qui ne devait me débarquer, suivant un ordre officiel venu de Paris, qu'au Pirée.

Je passai quelque temps à Athènes, puis je me rendis à Naples et je parcourus les Pouilles, où j'eus l'occasion de constater combien l'administration piémontaise faisait regretter le gouvernement des Bourbons.

Je revis Ancône, bien déchue hélas ! de son ancienne splendeur, et je vins à Rome, où j'appris les catastrophes que la funeste politique de Napoléon III avait infligées à la France.

Je vous jure que, si quelqu'un fut surpris qu'il n'eût pas eu le courage de mourir en soldat dans la journée de Sedan, ce ne fut pas moi, je l'avais vu de trop près !

Si mon cœur de Français avait été navré en apprenant les destinées de la Patrie, mon cœur de chrétien ne fut pas moins profondément blessé en voyant arriver, quelques jours après, un émissaire du roi *galant-uomo*, demandant au gouvernement romain à faire occuper la Ville Éternelle par les faux héros de Custozza.

Les Romains furent, dans cette circonstance, ce qu'avaient été les Parisiens au 2 décembre.

Seuls, quelques Français, parmi lesquels je dois signaler le regretté Saint-Priest, privé d'un bras, prirent les armes pour défendre le domaine de saint Pierre; sous les ordres du commandant Trousseau, je me mêlai aux zouaves pontificaux, et je combattis durant toute cette journée du 20 septembre jusqu'à l'heure où je tombai dans les mains de l'ennemi !

Ainsi furent envahis les Etats du Pape, comme l'avaient été ceux de Toscane, de Modène, de Parme, des Deux-Siciles, par suite de la complicité active ou inerte de la politique désastreuse de Napoléon III !

XIV

CONCLUSION

Je réserve pour la prochaine et la seule édition authentique de mes *mémoires* les nombreux documents que je possède sur les affaires d'Italie, ainsi que sur le caractère et la vie des principaux personnages qui ont joué un rôle dans cette mémorable tragi-comédie politique.

Cependant qu'il me soit permis ici de terminer, en manière de conclusion, par ces quelques lignes écrites à la fin du premier manuscrit de mes *Mémoires* :

« J'aime à croire que cet écrit ne sera pas inutile à ceux qui le liront. L'exemple d'un simple berger corse, ignorant, sans appui, devenu l'agent et le confident des grands de ce monde, ministres, princes, cardinaux, rois, empereurs et pape, ne laisse pas que d'offrir un enseignement salutaire.

« Nos ancêtres disaient : Si le roi savait ! je dis aujourd'hui : Si le peuple voyait de près, comme je les ai vues, les têtes couronnées, il en serait dégoûté.

« Vive l'égalité ! Vive la liberté ! »

Paris 3 février 1873.

GRISCELLI (Jacques-François) de Vezzani,
baron de Rimini.

FIN

TABLE DES MATIÈRES.

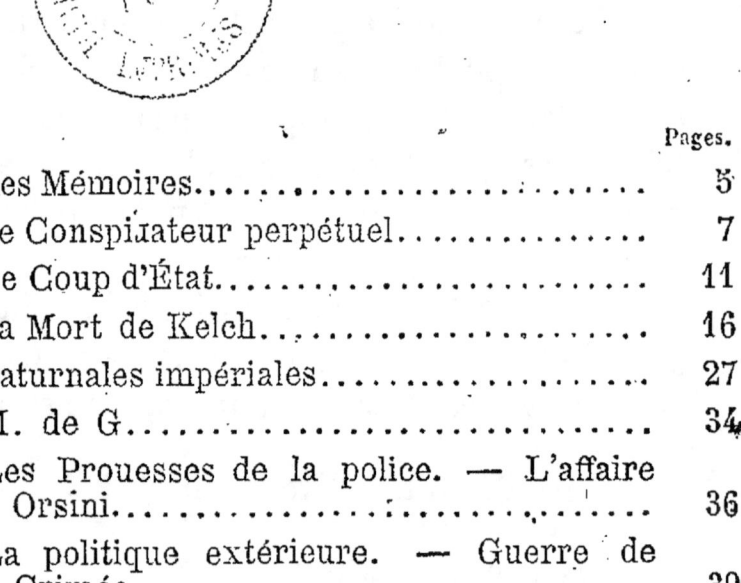

		Pages.
I.	Mes Mémoires...................................	5
II.	Le Conspirateur perpétuel................	7
III.	Le Coup d'État...........................	11
IV.	La Mort de Kelch.........................	16
V.	Saturnales impériales....................	27
VI.	M. de G..................................	34
VII.	Les Prouesses de la police. — L'affaire Orsini...	36
VIII.	La politique extérieure. — Guerre de Crimée........	39
IX.	Guerre d'Italie..........................	43
X.	Les Libéraux de Bologne..................	48
XI.	Les Guerres de Chine et du Mexique......	52
XII.	L'entrevue de Salzbourg..................	62
XIII.	Paris, Orléans. Constantinople...........	64
XIV.	Conclusion...............................	69

Imp. Moderne, Barthier dr, rue J.-J.-Rousseau, 61.

www.ingramcontent.com/pod-product-compliance
Lightning Source LLC
LaVergne TN
LVHW051510090426
835512LV00010B/2446